DER
HERR DER RINGE™
DIE SCHLACHT DER ROHIRRIM™
DAS OFFIZIELLE AUSMALBUCH

KLETT-COTTA

EINFÜHRUNG

Fast 200 Jahre werden vergehen, bevor der Ring zu Bilbo Beutlin kommen wird.

Im Königreich Rohan, das im Norden an Isengard und den Fangornwald und im Süden an das Weiße Gebirge grenzt, regiert vom hohen Haus Meduseld in Edoras aus der legendäre König Helm Hammerhand. Viele Jahre lang hat er die berittenen Krieger Rohans, die Rohirrim, angeführt und die wilden Menschen und Orks, die in das Reich einfielen, zurückgeschlagen. So konnte er seinen Kindern, seinen Söhnen Haleth und Háma und seiner Tochter Héra, ein friedliches Aufwachsen ermöglichen und seinem Volk Wohlstand bescheren.

Doch nun zieht ein Schatten über Rohan herauf. Nachts sind seltsame Geräusche zu hören, und der seit langer Zeit verlassene Turm von Isengard wird von unzähligen Lagerfeuern erleuchtet. In dieser unruhigen Zeit erreicht eine unerwartete Gesellschaft aus dem östlich gelegenen Dunland die Stadt Edoras. Freca, Herr der Westmark, ist mit seinem Sohn Wulf gekommen und unterbreitet einen Vorschlag, der diesem Reich in Mittelerde dauerhaften Frieden sichern könnte.

Doch Helm ist ebenso stolz wie furchtlos, und es werden Taten begangen, die nicht wiedergutzumachen – oder zu vergeben – sind. Horden von Dunländern, wilden Menschen und Söldnern aus dem Süden, die auf monströsen *Mûmakil* reiten, sind unter einem einzigen charismatischen Anführer vereint, der von Hass und Rache getrieben wird. Rohan wird angegriffen, und bald färben sich die Grasebenen rot. Die Bewohner Rohans müssen in die steinerne Festung Hornburg fliehen. Dort werden sie einen letzten verzweifelten Widerstand leisten, eine letzte Schlacht im Krieg der Rohirrim.

Mit ihren faszinierenden und originellen Charakteren und einer Mischung aus bekannten und neuen Schauplätzen webt diese neue, dramatische und in sich abgeschlossene Geschichte einen weiteren Faden in den großen Teppich von Mittelerde. Dieses Buch ist ein Führer zu all diesen wunderbaren Gestalten und eine Gelegenheit, Tolkiens Welt und die Helden, Bösewichte und Kreaturen, die dort leben, wiederzusehen.

N

W   E

S

DUNLAND

MISTY MOUNTAINS

Methedras

Isengard

FANG...

Gap   of   Rohan

R

R O

RIVER ISEN

WEST-MARCH

RIVER ADORN

The HORNBURG

Deeping Stream

Thrihyrne

W E

DUN-HARROW

Starkhorn

WHITE   MOUNTAINS

RO

The Year 2758

WAR of th

The

BROWN

LANDS

The

WOLD

The GREAT RIVER

ᴀᴍʏɴ ᴍᴜɪʟ

RN FOREST

H A N

EAST
EMNET

EST
MNET

Entwade

Sarn Gebir

FOLD

River
ENTWASH

East
Wall

Snowbourne River

Rauros

Weald se
Witega

Mouths of
Entwash

Nindalf
OR
Wetwang

ORAS

Great West Road

FOLDE

FENMARCH

EASTFOLD

Mering Stream

ANÓRIEN

Firien
Wood

Halifirien

Calenhad

Amon-Rudrocon

Erelas

Nardol

Min-Rimmon

Drúadan
Forest

AN

the Third Age

OHIRRIM

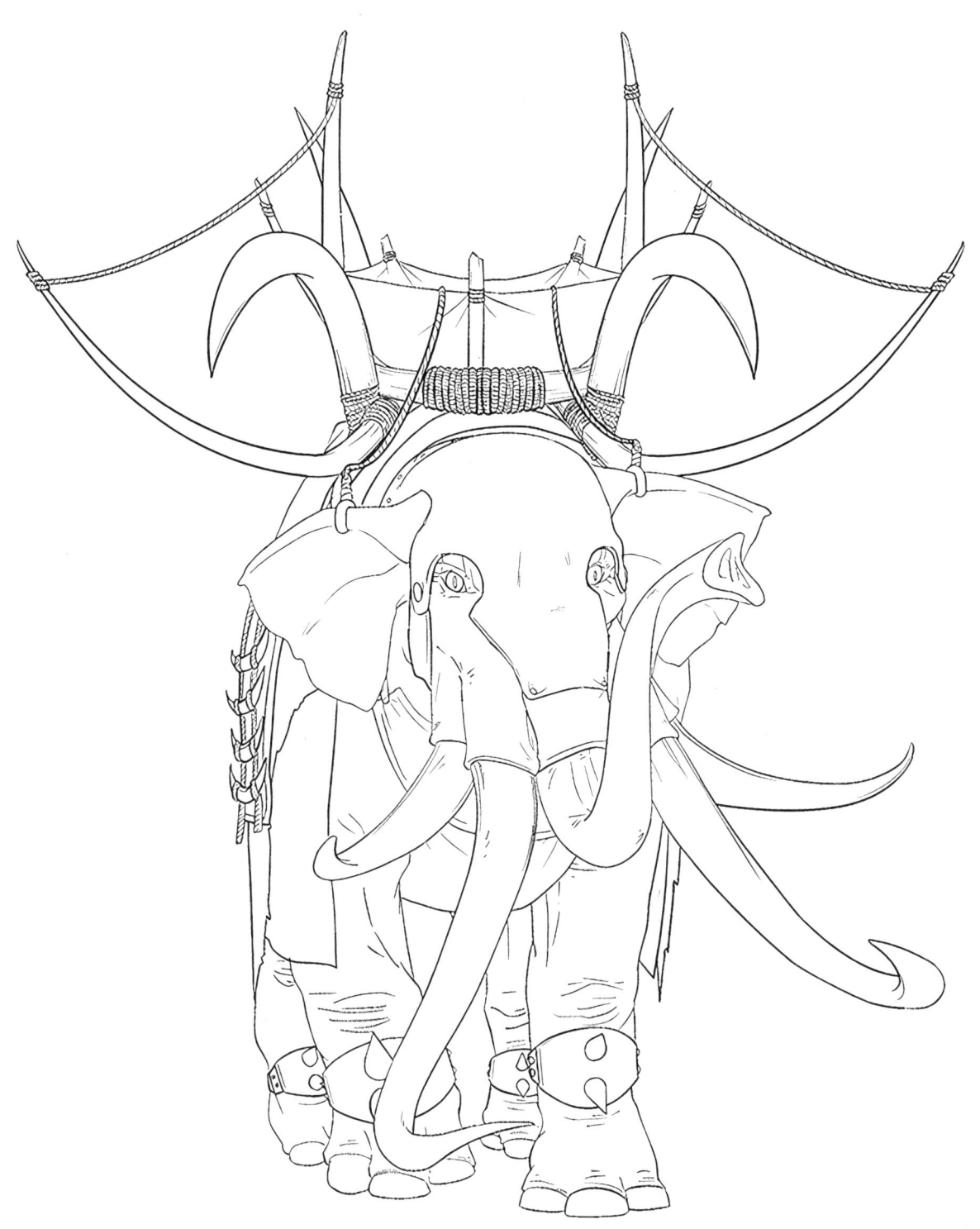

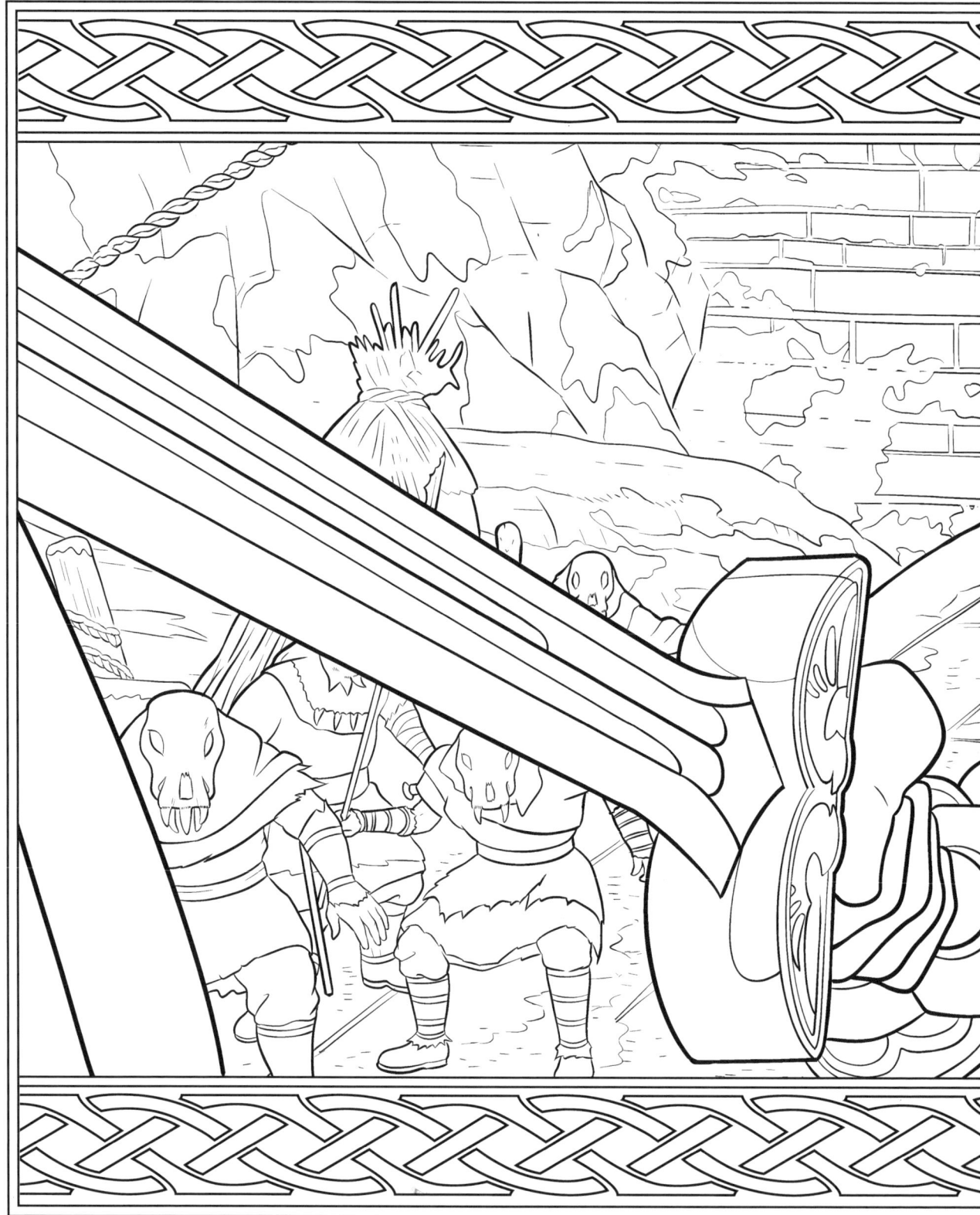

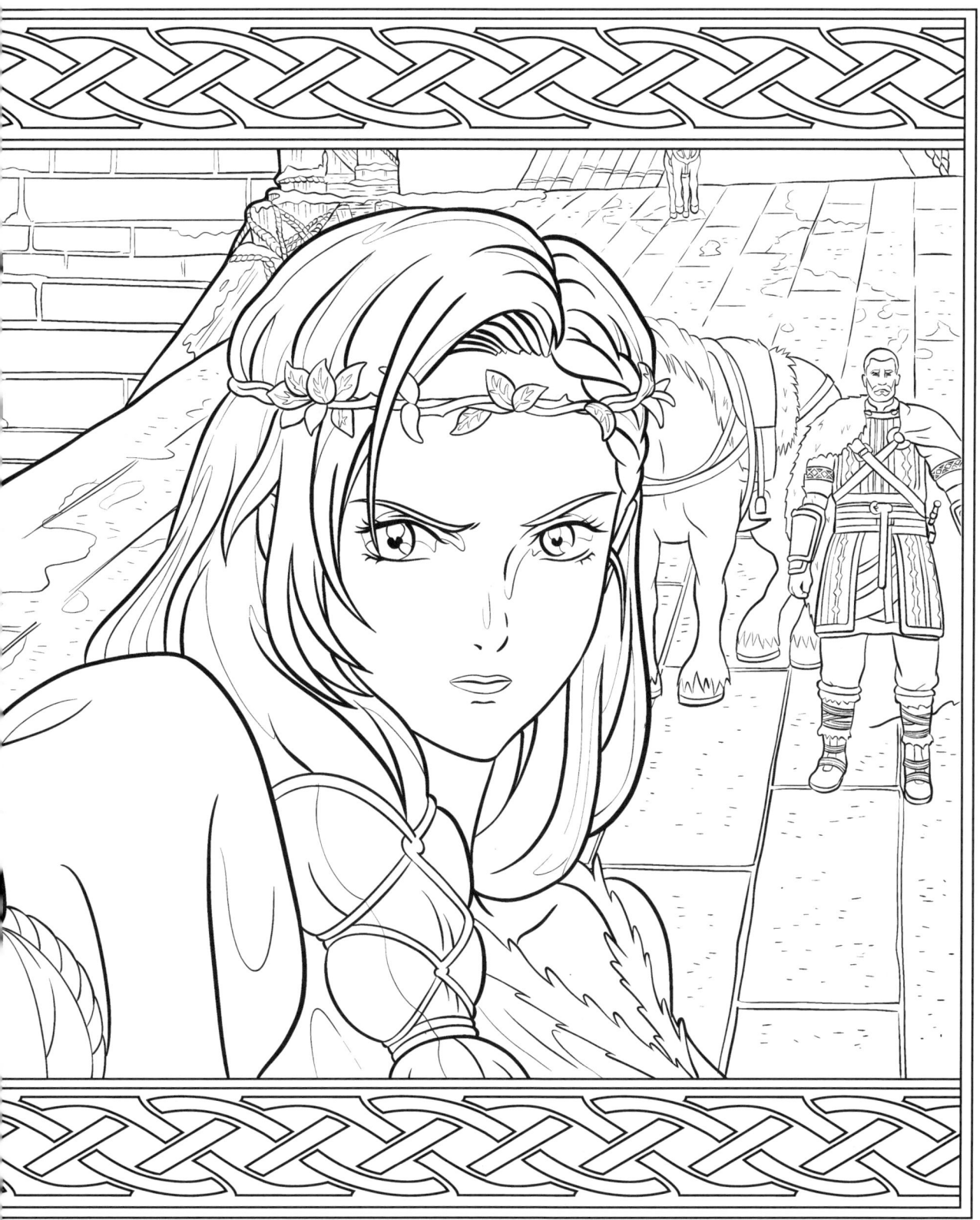

Hobbit Presse
www.hobbitpresse.de

Die Originalausgabe erschien unter dem Titel *The Lord of the Rings: The War of the Rohirrim* Official Colouring Book im Verlag HarperCollins*Publishers*, London/Dublin 2024

Text & Zusammenstellung © HarperCollins*Publishers* 2024

Artwork, Film-Logos, Auszüge aus dem Filmskript © 2024 Warner Bros. Entertainment Inc. Alle Rechte vorbehalten

Illustrationen von Nicolette Caven, mit Ausnahme der Abbildungen auf den Seiten 5, 17, 21, 27, 31, 43 und 47. Alle anderen grafischen Elemente mit freundlicher Genehmigung von Warner Bros. Entertainment Inc.

Der Herr der Ringe: Die Schlacht der Rohirrim und alle Figuren und Elemente © & ™ Middle-earth Enterprises, LLC under licence to Warner Bros. Entertainment Inc.(s24)

Tolkien® ist ein eingetragenes Markenzeichen der Tolkien Estate Limited.

Der Herr der Ringe: Die Schlacht der Rohirrim: Das offizielle Ausmalbuch ist ein Buch zum Film *Der Herr der Ringe: Die Schlacht der Rohirrim* und wird mit Genehmigung, aber ohne Autorisierung des Estate des verstorbenen J.R.R. Tolkien veröffentlicht.

Produktion: Megan Donaghy
Gedruckt und gebunden von Rotolito S.p.A., Italien

Für die deutsche Ausgabe
© 2024 by J. G. Cotta'sche Buchhandlung Nachfolger GmbH, gegr. 1659, Stuttgart
Alle Rechte vorbehalten

Aus dem Englischen übersetzt von Helmut W. Pesch

ISBN 978-3-608-98851-2